MUST READ BOEKANALYSE

Vader Goriot

· · · · · · · · · · · · · · · · · · · ·

HONORÉ DE BALZAC

BOEKANALYSE

Geschreven door Pierre Weber
Vertaald door Nikki Claes

Vader Goriot

HONORÉ DE BALZAC

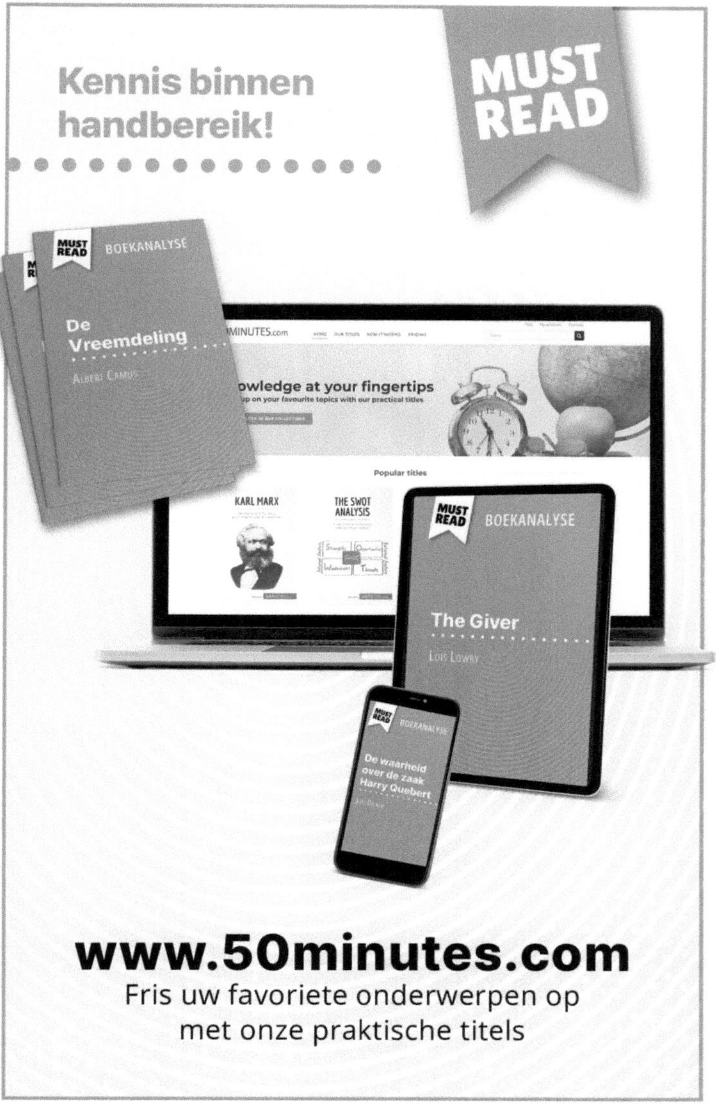
Kennis binnen handbereik!
MUST READ
MUST READ
BOEKANALYSE
De Vreemdeling
Albert Camus
MINUTES.com
owledge at your fingertips
Popular titles
KARL MARX
THE SWOT ANALYSIS
MUST READ
BOEKANALYSE
The Giver
Lois Lowry
MUST READ
BOEKANALYSE
De waarheid over de zaak Harry Quebert
www.50minutes.com
Fris uw favoriete onderwerpen op
met onze praktische titels

HONORÉ DE BALZAC

FRANSE SCHRIJVER

- **Geboren in Tours in 1799**
- **Overleden in Parijs in 1850**
- **Opmerkelijke werken:**
  - *De Chouans* (1829), roman
  - *Eugénie Grandet* (1833), roman
  - *Pater Goriot* (1835)

Honoré de Balzac (1799-1850) is een van de belangrijkste Franse auteurs van de 19th eeuw. Als jongeman slaagde hij erin toe te treden tot het aristocratische Parijse milieu, dat hij voortaan altijd zou blijven opzoeken. Desastreuze ondernemingen en een buitensporige levensstijl ruïneerden hem echter al snel: het literaire schrijven, dat hij ijverig en met passie beoefende, zou al snel zijn enige manier worden om zijn schulden af te lossen.

Als ambitieus man begon hij aan een monumentaal werk, *De Menselijke Komedie*, dat bestaat uit meer dan negentig romans, die tot doel hadden een volledig mogelijk beeld te schetsen van de maatschappij van zijn tijd ("om te concurreren met het burgerlijk register"). Tot zijn bekendste werken behoren *Eugénie Grandet* (1833) en *Vader Goriot* (1835).

Balzac wordt beschouwd als een van de vaders van de moderne realistische roman.

VADER GORIOT

EEN REALISTISCHE KLASSIEKER

- **Genre:** roman
- **Referentie-uitgave:** De Balzac, H. (2015) *Vader Goriot*. New York: World Classic.
- **Eerste uitgave:** 1835
- **Thema's:** vaderschap, sociale beklimming, samenzwering, moord, 19th eeuwse Franse samenleving

Vader Goriot, gepubliceerd in 1835, kende onmiddellijk succes en legde de basis voor *De menselijke komedie.*

Alle ingrediënten van de Balzaciaanse roman zijn aanwezig in dit werk. Het introduceert het concept van terugkerende personages en draagt alle typische kenmerken van Balzacs stijl: nauwkeurige beschrijvingen, verslindende passies, jonge helden en schone dames die tot de goede maatschappij behoren, een bandiet die het evenwicht bedreigt, geld en tragedies die het geweten verstoren. *Vader Goriot is* vooral het verhaal van de sociale en sentimentele opvoeding van de jonge Rastignac en van het tragische lot van vader Goriot.

SAMENVATTING

Het verhaal speelt zich af in Parijs in 1819, in het huis Vauquer, een smerig en goedkoop pension waar een tiental mensen uit alle sociale milieus wonen (studenten, oude mannen, jonge vrouwen, enz.). Hier woont Eugène de Rastignac, een jonge student die van het platteland komt.

Rastignac is ambitieus en zoekt naar de beste manier om zijn sociale promotie te waarborgen. Uiteindelijk kiest hij voor twee verschillende mogelijkheden: die van de amoureuze en politieke intriges en die van werk en studie. Hij neemt contact op met zijn nicht, Madame de Bauséant, om toegang te krijgen tot de Parijse salons. Ondertussen wordt hij ook geïntrigeerd door twee kostgangers: Vautrin, wiens nachtelijke activiteiten lijken, en de oude vader Goriot, een discrete en geruïneerde oude man, van wie gedacht wordt dat hij minnaressen heeft.

Rastignac ontmoet de gravin Anastasie de Restaud en de barones Delphine de Nucingen, die toevallig de dochters zijn van de oude vader Goriot. Zo verneemt Rastignac het verhaal van de oude man, een voormalige vermicelli-verkoper die een fortuin maakte, maar een stap terug moest doen na het uithuwelijken van zijn twee dochters. Hij ruïneerde zichzelf voor hen, voldeed aan al hun grillen en kreeg in ruil daarvoor alleen minachting.

Vautrin, die raadt dat Rastignac een ambitieuze jongeman is, geeft hem cynisch advies om zijn succes te verzekeren. Hij stelt hem voor Victorine Taillefer, een jonge vrouw in het pension die door haar rijke familie is verstoten, te verleiden en vervolgens haar broer te laten vermoorden, waardoor haar familie weer in zou moeten nemen. Dit zou haar een uitstekend vooruitzicht bieden en zij zou met Rastignac trouwen, waardoor hij rijk zou worden. Vautrin zou dan om een deel van dit fortuin vragen.

Aarzelend weigert Rastignac zijn geweten zozeer te compromitteren en wijst het voorstel van Vautrin af. Hij kiest ervoor Delphine de Nucingen, wier huwelijk ongelukkig is, te verleiden en slaagt daarin.

Dankzij zijn relatie met Delphine raakt Rastignac bevriend met Goriot, die deze relatie ziet als een manier om zijn dochter vaker te zien. De oude man geeft het laatste van zijn geld uit om haar uit haar geldproblemen te helpen en Rastignac een fatsoenlijk appartement te kopen waar de twee geliefden hun overspelige liefde kunnen uitleven.

Vautrin laat zijn plan niet varen en slaagt er met de ene truc na de andere in Rastignac tot medewerking te dwingen. Wat hij echter niet weet is dat twee andere pensiongasten een val hebben opgezet om hem te arresteren, want de politie heeft hem herkend als Jules Collin, bijgenaamd de Trompe-la-Mort, een ontsnapte gevangene met een zwaar crimineel verleden. Net nadat hij de broer van Victorine Taillefer heeft laten vermoorden, terwijl hij zich verheugt over zijn succes, wordt Vautrin gearresteerd.

Voor vader Goriot veranderen de dingen snel. Terwijl hij verwachtte te profiteren van de overeenkomsten van het appartement van Rastignac, onderdrukken zijn dochters Delphine en Anastasia hem door met elkaar te ruziën en hem te vertellen over nieuwe behoefte aan geld, namelijk voor een zeer modieus bal dat Madame de Beauséant gaat organiseren. Rastignac betaalt in de plaats van vader Goriot, waarna de twee dochters hun vader in de steek laten.

Gekwetst door het egoïsme en de ontreddering van zijn dochters, bezwijkt vader Goriot aan emoties waardoor hij sterft. Terwijl hij op sterven ligt, wonen zijn dochters het bal bij. Uiteindelijk sterft hij, te midden van bijna algemene onverschilligheid, nadat hij eerst zijn dochters bitter heeft beschuldigd en excuses heeft verzonnen. Rastignac, die bijna constant over hem waakt, is erbij als de oude man sterft, en met hem verdwijnen zijn laatste illusies.

Bij de begrafenis van Goriot zijn Rastignac en Christophe, de klusjesman van het pension, de enigen die het konvooi volgen. Na de ceremonie kijkt Rastignac vanaf de hoogte van het Père Lachaise kerkhof neer op Parijs en daagt de hoofdstad uit met deze woorden: "Het is nu tussen jou en mij!"

KARAKTERSTUDIE

EUGÈNE DE RASTIGNAC

Eugène de Rastignac is een jonge rechtenstudent, net aangekomen van het platteland. Slim, getalenteerd en ambitieus, hij heeft alles wat hij nodig heeft om te slagen. Zijn fysieke schoonheid weerspiegelt de adel van zijn ziel: Hij is in Parijs aangekomen met de beste bedoelingen, klaar om hard te werken om eervol een carrière op te bouwen. Hij ontdekt echter al snel dat hij, om het leven te leiden waar hij van droomt, zijn contacten en intriges zal moeten gebruiken.

Daarom zoekt Rastignac naar modellen die hij in zijn leven kan navolgen. De ene na de andere figuur begeleidt hem, die elk een kant van de werkelijkheid vertegenwoordigt:

- Madame de Beauséant, zijn nicht, introduceert hem in de Parijse sociale wereld. Zij biedt een heldere en pragmatische kijk op de maatschappij van die tijd, zonder grootheid van ziel te verliezen. Zij is degene die voorstelt Delphine de Nucingen te verleiden. Zij vertegenwoordigt het soort evenwicht dat Rastignac trachten te bereiken.

- Vautrin is het beeld van de duivelse vader. Hij verdedigt een uiterst cynische en pessimistische kijk op de maatschappij, waarin egoïsme en hebzucht voorop staan. Om zijn succes te verzekeren zijn alle middelen aanvaardbaar, inclusief corruptie en moord. Vautrin stelt ook dat hij niet veel geeft om een mensenleven.

- Vader Goriot is het beeld van de welwillende vader. Hij belichaamt zowel de vindingrijkheid van marktsucces als, nog belangrijker, loyaliteit, de kracht van vaderlijke betrokkenheid en toewijding aan het gezin.

Hoewel hij zich door deze personages laat beïnvloeden en zijn visie op de wereld bij hun ontmoeting verandert, slaagt Rastignac er al snel in de essentie van hun leer op te nemen om hen te overtreffen en boven de massa uit te stijgen. De tekst verwijst in duidelijke bewoordingen en meermaals naar zijn toekomstig succes.

VADER GORIOT

Vader Goriot is een monomane figuur: hij belichaamt de passie van het absolute vaderschap. Hij, die zijn fortuin had gemaakt in de handel, heeft zijn activiteiten gestaakt om alleen vader te zijn, geheel toegewijd aan zijn dochters. Zij zijn enige doel, zozeer zelfs dat hij bereid is zichzelf op te offeren om nuttig of aangenaam voor hen te zijn.

Zijn dood, in armoede en onverschilligheid, verlaten door de dochters die hij zo liefhad en beschermde, maakt van hem een bijna Christus-achtige figuur. Maar achter zijn vrijgevigheid gaat een overdreven passie van Goriot voor zijn dochters schuil. De liefde die hij aan hen besteedt is verstikkend, bezitterig: daarom kunnen we begrijpen dat ze op de een of andere manier aan hem proberen te ontsnappen. Hij is iets van een fetisjist, zoals blijkt wanneer hij Rastignac vraagt om het vest waarop Delphine huilde en lijkt bijna incestueus wanneer hij een deel van het appartement van Rastignac wil betrekken, om bij volmacht van zijn relatie met Delphine te genieten.

VAUTRIN

Terwijl pater Goriot een Christusachtige figuur is, met alle dubbelzinnigheden van dien, is Vautrin de belichaming van het kwaad. Hij is een machiavellistische rekenaar, een ontsnapte veroordeelde die niet aarzelt om zich identiteiten toe te eigenen, en geen morele grenzen kent als het gaat om het bereiken van zijn doelen. Wanneer zijn ware identiteit wordt onthuld, wordt hem zijn pruik afgenomen en verschijnt zijn rode haar, een toespeling op de vlammen van de hel (het hebben van rood is lang beschouwd als een teken van verbondenheid met de duivel.

Vautrin is ook een verleider die zich door de pensiongasten van Vauquer zo weet te waarderen dat ze hem verdedigen wanneer hij wordt gearresteerd. Zijn belangstelling voor Rastignac kan op verschillende manieren worden verklaard:

- Hij heeft enig persoonlijk belang bij deze relatie, wat de tekst de lezer niet laat zien;

- Hij geniet ervan "het lot van Rastignac te schrijven", de baas te zijn over diens leven, zoals een auteur het leven van een van zijn personages verzint (er kan dus een parallel worden getrokken tussen Vautrin en Balzac);

- Hij ervaart homoseksuele aantrekkingskracht, zoals discreet in de tekst wordt gesuggereerd.

DELPHINE DE NUCINGEN

Als dochter van vader Goriot is zij getrouwd met de Baron de Nucingen, een door egoïsme en geld gedegradeerde man, die haar bezittingen afpakt voor zijn zaken en zijn eigen belang. Delphine is ongelukkig in dit huwelijk, en ontdekt een frisse wind in haar overspelige relatie met Rastignac.

Dit personage schommelt tussen een zekere grootheid van ziel, die soms oprechte en onbaatzuchtige gevoelens toont, en een volledige onderwerping aan de schijn (Madame de Beauséant zegt op een bepaald moment: "Madame de Nucingen zou alle modder tussen de Rue Saint-Lazare en de Rue de Grenelle opslurpen om toegang te krijgen tot mijn salon"). Liever dan bij haar stervende vader te zijn, gaat ze naar het bal; ook de begrafenis zal ze niet bijwonen.

ANALYSE

EEN VERHAAL VAN EEN INWIJDING

Het grootste deel van de roman gaat over Eugène de Rastignac, die de hoofdpersoon is. De lezer volgt zijn eerste stappen in de Parijse wereld en ziet hoe hij de basis legt voor zijn toekomstige opgang. Gedurende de hele roman krijgt hij een dubbele opvoeding:

- Een sociale opvoeding. Tactvol en slim, weet hij al snel de wapens waarover hij beschikt te gebruiken om een vooraanstaande jongeman te worden in de Parijse samenleving. Hij leert de codes, de geheimen en de intriges die dit universum beheersen, en weet ze in zijn voordeel te gebruiken.

- Sentimentele opvoeding. Door zijn relatie met Delphine ontdekt Rastignac alle stadia van de liefde, eerst de vlagen van een ontwakende liefde (wanneer zij elkaar voor het eerst ontmoeten in de opera), dan de lange periode van opwinding en verlangen, de vervulling van de passie, en tenslotte de desillusie (door de houding van Delphine wanneer Goriot sterft).

De ziel van Rastignac wordt ongelooflijk hard door deze dubbele opvoeding; hij verliest al zijn illusies van toen hij een eerlijke jongeman was en beseft dat geld en macht de motoren van de wereld zijn. De roman vertelt dan ook het verhaal van het verlies van zijn onschuld. Met tegenzin neemt Rastignac uiteindelijk het standpunt van Madame de Bauséant en Vautrin over, volgens welke men zijn geweten en scrupules moet vergeten om het te maken. Hij geeft echter niet op en kiest voor de strijd tegen de maatschappij.

Balzac schetst zo een zeer pessimistisch portret van de maatschappij van zijn tijd, waar de idealen plaatsmaken voor individualisme, hebzucht en zucht naar glorie. Alle personages hebben hun mislukkingen en hun duistere kanten, behalve misschien de dokter Bianchon, die tijdens de dood van Goriot onbaatzuchtig optreedt, en Victorine Taillefer, een zuivere en naïeve jonge vrouw die de belichaming is van de onschuld.

HET THEMA VADERSCHAP

Zoals gezegd neemt het thema vaderschap een centrale plaats in de roman in. Om het kort samen te vatten:

- Vader Goriot is de absolute vader, volledig gedefinieerd door het enige woord 'vader', bereid te sterven voor zijn dochters, met wie hij een complexe relatie heeft;

- Vautrin is een soort duivelse vader die Rastignac probeert te corrumperen;

- Rastignac is een personage dat op zoek is naar rolmodellen, meer bepaald vaderfiguren.

EEN MODEL VAN BALZACIAANSE ROMAN

Vader Goriot wordt beschouwd als een typisch Balzaciaans werk. Inderdaad, de meeste elementen die zijn werken kenmerken zijn terug te vinden:

- Beschrijvingen. De roman begint met een zeer lange beschrijving van het universum waarin de roman zich afspeelt, namelijk het pension Vauquer, waarvan elke hoek gedetailleerd wordt beschreven. Balzac gebruikt bij deze beschrijving alle zintuigen (zicht, reuk, gehoor, tast), om de lezer de illusie te geven dat hij zich in een echte wereld bevindt. De lengte van de beschrijvingen is echter zodanig dat ze het tegenovergestelde effect hebben, namelijk dat ze ons eraan herinneren dat we een roman lezen: dit is de paradox van Balzacs werken, aangezien hij de echte wereld getrouw wil weergeven in zijn geschriften, maar ze toch als autonome werelden laat functioneren.

- Alwetende verteller. De stem die het verhaal vertelt alles, kan overal tegelijk zijn, kent de gedachten en gevoelens van elk personage, en weet wat hen te wachten staat. Dit is het prototype van de alwetende vertelling, waarbij de verteller de positie heeft van een God, de absolute meester van het door hem geschapen universum. Deze schrijfstijl wordt in deze roman echter op een complexe manier gebruikt, aangezien de verteller beurtelings de standpunten van verschillende personages inneemt en regelmatig persoonlijke indrukken en beschouwingen geeft.

- De personages. Een van de sterke punten van Balzac is zijn vermogen om een galerij van markante personages te creëren, die allemaal bijzonder goed gekarakteriseerd zijn en levend lijken. Elk personage is de illustratie van een bepaald type profiel, de vertegenwoordiger van een type of manie. De sociale toestand, het karakter, de fysieke verschijning (beschouwd als de weerspiegeling van de ziel) van elk van hen bepaalt hun lot. Zo bouwt Balzac een soort observatorium van de menselijke natuur in haar verschillende variaties.

- Terugkerende personages. *Vader Goriot* is de eerste roman waarin Balzac personages uit eerdere romans opnieuw introduceert. Dit proces zou zijn specifieke handelsmerk worden. Het stelde hem in staat de wereld die hij creëerde meer diepte en geloofwaardigheid te geven. Van de ene roman naar de andere, terwijl ze steeds opnieuw verschijnen, evolueren de personages, alsof ze hun eigen leven blijven leiden nadat de boeken zijn gesloten.

- De beschrijving van de maatschappij. Gedurende zijn hele carrière werd Balzac geleid door de ambitie om via zijn romans de hele maatschappij waarin hij zich ontwikkelde te beschrijven. Hij noemde dit omvangrijke project *De Menselijke Komedie*. Elk van zijn romans is als een steen die aan dit bouwwerk wordt toegevoegd. *Vader Goriot speelt* deze rol ook en toont de negatieve kanten van het individualisme en het materialisme van de prekapitalistische maatschappij van de 19th eeuw.

Balzac werd verweten dat zijn verhalen onzedelijk waren, omdat het gedrag van veel personages als ongepast werd beschouwd. Zijn originaliteit bestond er immers in de wereld te tonen zoals hij die zag, waarbij hij nooit een onderwerp uit de weg ging, wat dat ook was. Men kan dus zeggen dat Balzac behoort tot de artistieke en literaire stroming die realisme wordt genoemd.

EEN MEERVOUDIGE ROMAN

Een van de troeven van *Vader Goriot* is dat het een meervoudige roman is, waarin verschillende genres, verschillende personages en verschillende plaatsen door elkaar lopen.

Genres

Alles tegelijk is de roman:

- Een inwijdingsverhaal, dicht bij een avonturenroman;
- Een tragedie in drie bedrijven, zoals een toneelstuk: het eerste bedrijf dient als expositie (beschrijving van het universum en van de personages), in het tweede bedrijf vindt de actie (avonturen van Rastignac, Vautrin en Goriot), en het derde bedrijf is de resolutie (de dood van Goriot);
- Een politie-intrige, waarin Poiret en Mademoiselle Michonneau medeplichtig zijn aan het opzetten van een hinderlaag;
- Een verhaal met tragische tonen (de dood van Goriot), dat af en toe verwijst naar sprookjes (het bal van Madame de Beauséant, waar de dochters van Goriot buitengewone jurken dragen).

De personages

Centraal in de roman staan drie personages die elk hun eigen plot en avonturen hebben: Rastignac, Vautrin en pater Goriot. De verteller vertelt het verhaal beurtelings vanuit het perspectief van elk van deze personages, beschrijft de wereld zoals zij die zien en doet verslag van hun gedachten. Het is echter Rastignac die de rode draad van de roman blijft.

De plaatsen

Ook al speelt het verhaal zich af in Parijs, de stad zelf is complex en veelzijdig en presenteert verschillende werkelijkheden.

Er kunnen minstens drie verschillende universums worden onderscheiden:

- De Faubourg Saint-Germain, het domein van de high society, prestige en luxe;

- De buurt van de Rue d'Artois, waar het voor Delphine en Rastignac gekozen appartement zich bevindt, die de hele rechteroever omvat, en waar de "nouveaux riches", de Bourse, de bourgeois, de kooplieden en de financiers te vinden zijn;

- De buurt van het gastenverblijf Vauquer, tussen het Pantheon en de Val-de-Grâce, geteisterd door armoede en laagheid.

VERDERE REFLECTIE

ENKELE VRAGEN OM OVER NA TE DENKEN...

- Welke hoofdkenmerken van de Balzaciaanse roman zijn terug te vinden in *Vader Goriot*?

- Onderzoek het begrip 'mise en abyme' en zoek een voorbeeld in de roman. Ontwikkel en motiveer je antwoord aan de hand van je onderzoek.

- Hoe kan deze roman beschouwd worden als een inwijdingsverhaal?

- Kan Rastignac gezien worden als een positieve held? Motiveer je antwoord met precieze voorbeelden.

- Hoe kan *Vader Goriot* vergeleken worden met *Hernani* van Victor Hugo (Franse schrijver, 1802-1885)?

- Welke elementen definiëren dit werk als een realistische roman?

- Vergelijk de manieren waarop Vautrin en Rastignac worden beschreven. Wat betekent hun uiterlijk?

- *Vader Goriot wordt* beschouwd als een meervoudige roman. Met welke genres kan het geassocieerd worden?

- Hoewel het een fictief werk is, kan de roman gebruikt worden als een historisch document en bron. Waarom? Wat voor informatie geeft het?

- Is het verhaal van vader Goriot nog steeds actueel? Hoe zou het verhaal veranderd moeten worden, om het aan te passen aan een hedendaagse context? Motiveer uw antwoord.

VERDER LEZEN

REFERENTIE-UITGAVE

De Balzac, H. (2015) *Vader Goriot*. New York: World Classic.

REFERENTIESTUDIE

Guichardet, J. (1993) *Le Père Goriot d'Honoré de Balzac*. Parijs: Gallimard.

AANPASSINGEN

Le père Goriot. (1944) [Film]. Robert Vernay. Dir. Frankrijk: Regina Productions.

Le père Goriot. (1972) [Televisiefilm]. Guy Jorré. Dir. Frankrijk: Radio-Télévision Française (RTF).

Le père Goriot. (2004) [Televisiefilm]. Jean-Daniel Verhaeghe. Dir. Frankrijk: Cipango Productions Audiovisuelles.

*We horen graag van jou! Laat
een reactie achter op jouw online bibliotheek
en deel je favoriete boeken op social media!*

www.50minutes.com

Master ISBN: 9782808687973
Papier ISBN: 9782808699372
Wettelijk depot: D/2023/12603/1217

Omslag: © Primento

Digitaal ontwerp: Primento, de digitale partner van uitgevers.